AF554659

RAPPORT VERBAL

DE M. CHARLES LUCAS

SUR

UN NOUVEAU PROJET DE CODE PÉNAL

PRÉSENTÉ A LA CHAMBRE DES DÉPUTÉS D'ITALIE

LE 26 NOVEMBRE 1883

PAR M. SAVELLI, MINISTRE DE LA JUSTICE

> La clôture du conflit parlementaire par l'abolition de droit de la peine de mort doit être à la fois pour l'Italie, en raison de ses aspirations historiques et des anomalies de sa situation présente sous le rapport de son organisation judiciaire, l'honneur et le complément essentiel de son autonomie.

EXTRAIT DU COMPTE-RENDU

De l'Académie des Sciences morales et politiques

(INSTITUT DE FRANCE)

Par M. Ch. VERGÉ,

Sous la direction de M. le Secrétaire perpétuel de l'Académie.

Séance du samedi 26 janvier 1884

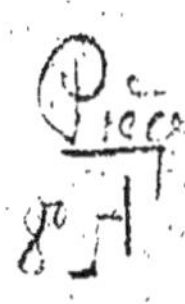

TABLE ANALYTIQUE

RAPPORT VERBAL

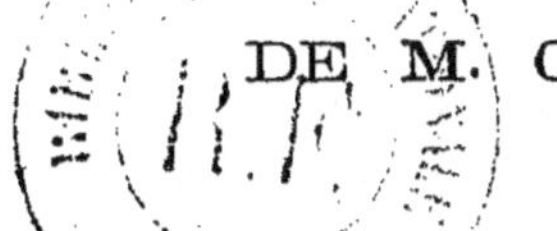

DE M. CHARLES LUCAS

SUR

UN NOUVEAU PROJET DE CODE PÉNAL

PRÉSENTÉ A LA CHAMBRE DES DÉPUTÉS D'ITALIE

LE 26 NOVEMBRE 1883

PAR M. SAVELLI, MINISTRE DE LA JUSTICE

(Séance du samedi 26 janvier 1884).

J'ai l'honneur de déposer sur le bureau de l'Académie un nouveau projet de code pénal présenté à la Chambre des députés d'Italie, le 26 novembre 1883, par M. Savelli, ministre de la justice, et dont je prie l'Académie d'agréer l'hommage, et de me permettre d'appeler un moment son attention sur cet important document.

Ce nouveau projet de code pénal rapproché de ceux qui l'avaient précédé, indique que la codification de la législation criminelle en Italie été a l'objet d'une élaboration singulièrement prolongée. L'Italie pourtant est la terre par excellence de la science de la législation criminelle ; mais la codification pénale y rencontre une difficulté exceptionnelle que j'ai déjà signalée à l'Académie dans de précédentes communications et qu'il est nécessaire de rappeler brièvement à son souvenir.

Par suite des annexions successives dont se compose le royaume d'Italie, trois codes pénaux différents sont encore appelés à le régir, et il en résulte un grave et intolérable obstacle à son organisation judiciaire et à l'administration uniforme de la justice criminelle. L'unification pénale est, pour ce grand royaume, l'impérieux besoin de son unité politique. Mais la difficulté de la situation pour l'Italie est dans la solution du problème de cette unification pénale. Des trois codes pénaux qui y sont encore en vigueur, deux maintiennent la peine de mort, mais le troisième au contraire, celui de la Toscane, en consacre l'abolition justifiée par une expérience heureuse et prolongée. Il n'y a donc que deux moyens pour l'Italie de réaliser son unification pénale, c'est de rétablir la peine de mort en Toscane ou d'étendre son abolition à toute l'Italie.

§ I

Entre ces deux moyens, M. Vigliani, jurisconsulte éminent, appelé comme Ministre de la justice à se prononcer, opta pour le premier dans le projet de code pénal qu'il déposa au Sénat le 24 février 1874. M. Vigliani avouait loyalement dans son exposé des motifs l'heureuse influence de l'abolition de la peine de mort en Toscane, et déclarait que ce n'était pas au nom de la sécurité publique, mais de l'unification pénale qu'il venait en réclamer le rétablissement. Cet aveu conduisait à une conséquence qui ne devait pas échapper sans doute à sa perspicacité, celle que rétablir l'échafaud en Toscane c'était répandre inutilement du sang humain. Il s'appuyait sur deux arguments, dont l'un était celui de la raison d'État, et l'autre un précédent historique.

Le premier était un anachronisme. La raison d'Etat, ce mot magique qui va jusqu'à légitimer l'illicite, n'a plus cours que dans les gouvernements absolus, et à notre époque, dans les pays libres, la seule raison à invoquer, c'est celle que l'histoire, la morale et la philosophie peuvent avouer.

Le précédent historique dont M. Vigliani croyait devoir se prévaloir, c'était celui de la Prusse qui, après Sadowa, avait, au nom de l'unification pénale, rétabli la peine de mort dans quatre États de la confédération du Nord, sans tenir compte des résultats d'une heureuse expérience et du prix qu'attachaient ces États à la continuer. L'autorité de ce précédent n'était pas admissible. Le procédé de la Prusse avait soulevé une réprobation générale parmi les jurisconsultes allemands qui blâmaient vivement la consécration de cette mesure proposée dans le projet de code pénal pour la confédération du Nord de l'Allemagne.

L'Académie n'a pas oublié peut-être la communication par laquelle je m'associais énergiquement à la protestation des jurisconsultes allemands. J'y réfutais d'abord la prétention d'assimiler l'État fédératif à l'État monarchique sous le rapport du besoin impérieux de l'unification pénale. L'unification pénale ne s'imposait qu'à l'État monarchique en raison de son unité politique ; mais dans le système fédératif où chaque État avait son autonomie, il fallait au contraire respecter dans chacun la liberté d'initiative, et entre tous, le stimulant d'une généreuse émulation pour le perfectionnement de la législation criminelle et dans l'intérêt du développement progressif de la civilisation. C'est ainsi que l'avait conçu la confédération suisse en Europe, et en Amérique la grande confédération des États-Unis, où la législation criminelle avait dû ses progrès à l'autonomie et à la liberté d'initiative des États confédérés.

La réprobation générale des jurisconsultes allemands avait exercé une telle influence sur le Parlement fédéral qu'il se prononça aux deux premières lectures du projet de code pénal contre le rétablissement de la peine de mort, et si malheureusement il se déjugea à la troisième lecture, ce ne fut du moins qu'à la majorité de neuf voix. Ce précédent était donc loin d'avoir l'autorité morale dont M. Vigliani voulait se prévaloir devant le Sénat italien.

Le vote par le Sénat du rétablissement de l'échafaud en Toscane, combattu par une imposante et éloquente minorité qui comptait dans ses rangs plusieurs illustrations de la magistrature italienne, souleva en Toscane les protestations des municipalités, des assemblées provinciales et des réunions populaires, et ce mouvement d'opinion s'étendit même en dehors de la Toscane aux barreaux et aux universités de l'Italie qui s'attristaient de voir ainsi rétrograder la civilisation italienne.

§ II

Par suite du changement du ministère auquel il appartenait, l'honorable M. Vigliani eut pour successeur au département de la justice, mais n'y pouvait avoir pour continuateur l'illustre Mancini qui devait en partie sa grande renommée à la motion abolitive de la peine de mort qu'il avait fait voter à Turin en 1865 par la Chambre des députés sous l'impression de son éloquente initiative.

Toutefois, alors que M. Mancini n'eût pas été sous l'inspiration de ses précédents personnels, l'impopularité du procédé de rétablissement de la peine de mort en Toscane suivi par M. Vigliani pour réaliser l'unification pénale, imposait à M. Mancini la présentation d'un nouveau code pénal maintenant en Toscane et généralisant en Italie la suppression de l'échafaud.

Ce fut le 25 novembre 1876 que M. Mancini déposa à la Chambre des Députés le premier livre de son projet de code pénal sur les peines, qui étendait à toute l'Italie l'abolition de la peine de mort avec les modifications qui devaient en résulter dans l'échelle pénale. A la séance du 28 novembre 1877, la Chambre des Députés vota à une grande majorité l'unification pénale par l'abolition de la peine de mort dans tout le royaume.

Le vote de la Chambre des Députés du 28 novembre 1877 constituait un conflit entre les deux chambres du Parlement, dont l'une, le Sénat, avait adopté le rétablissement de la peine de mort en Toscane, tandis que l'autre, au contraire, la chambre des Députés, s'était prononcée pour la suppression générale de l'échafaud dans tout le royaume. Cette situation qui s'aggravait encore par les complications des crises ministérielles et des évènements politiques, commandait nécessairement une certaine temporisation et une grande réserve pour laisser aux opinions dissidentes une période d'apaisement.

Pendant le cours des débats législatifs, du moment où la question du maintien ou de la suppression de la peine de mort était soumise aux délibérations du Parlement, l'exécution des condamnations à mort avait été suspendue dans le royaume. Cette abstention devait nécessairement se prolonger en face du conflit parlementaire. Mais en 1879, sous l'impression de l'indignation générale que souleva l'attentat de Passamante contre le roi Humbert, la question d'exécuter le régicide produisit une vive controverse dans la presse. L'horreur qu'inspirait cet attentat était la même pour tous; mais la manière d'envisager l'efficacité d'une exécution capitale excitait de profonds dissentiments. Envisageant l'état des choses avec la fermeté d'un esprit calme et d'une âme magnanime, le roi, voulant que devant le conflit parlementaire relatif à la peine de mort, la situation restât après l'attentat ce qu'elle était avant, refusa sa signature à l'exécution de l'arrêt de mort. L'échafaud ne put donner au fanatisme du régicide le piédestal et l'auréole du martyre, et Passamante ne fut plus qu'un assassin vulgaire dont nul ne songea à renouveler l'attentat.

§ III

M. Mancini n'ayant présenté que le premier livre du projet de code pénal, M. Zanardelli, à la suite d'études ultérieures, avait préparé le projet de code tout entier qu'il ne put déposer à la chambre des Députés parce que le ministère dont il faisait partie tomba quinze jours après l'impression du nouveau projet. C'est ce travail de son prédécesseur auquel il rend hommage que M. Savelli a déposé à la chambre des Députés le 26 novembre dernier, sauf quelques modifications dont il donne les motifs dans un court rapport qui les précède. Le nouveau code pénal, soumis le 26 novembre dernier aux délibérations de la chambre des Députés, est donc le projet Zanardelli avec le rapport de M. Savelli qui le précède, et avec l'annexe du premier livre présenté à la chambre des Députés en 1876 par M. Mancini.

Si l'on a souvent reproché aux criminalistes italiens d'avoir, dans leurs savants travaux sur la législation criminelle, un peu trop négligé l'étude de la théorie de l'emprisonnement, ce reproche serait aujourd'hui immérité, ainsi que l'atteste la renommée des deux célèbres revues publiées depuis plusieurs années, l'une avec ce titre de *Revue pénale* sous la direction de M. Lucchini, professeur à l'Université de Bologne; et l'autre avec celui de ***Revue de la discipline des prisons***, sous la direction de M. Beltrani-Scalia, directeur général des prisons d'Italie. Le nouveau projet de code pénal lui-même en porte un heureux et significatif témoignage.

L'ensemble de ce projet de code pénal ne saurait être l'objet dans un rapport verbal d'un examen critique qui me permettrait d'y trouver beaucoup à louer, en n'allant pas cependant jusqu'à une approbation sans réserve, notamment en ce qui concerne la distinction des infractions en crimes et délits, qui, dans les quatre projets de code pénal proposés depuis 1874, a été maintenue ou supprimée suivant l'opinion du ministre de la justice qui était l'inspirateur de chacun de ces codes.

Les deux projets de code pénal des honorables ministres MM. Zanardelli et Savelli contiennent assurément dans leur ensemble d'importantes améliorations qui sont dues à ces éminents jurisconsultes; mais je ne puis y comprendre la suppression de la division des infractions en crimes et délits. Il me paraît bien regrettable que cette division des infractions en crimes et délits, sagement maintenue dans les deux projets de code de MM. Vigliani et Mancini, ne l'ait plus été dans ceux de MM. Zanardelli et Savelli, et je reviendrai sur l'exposé de ma persévérante conviction à cet égard, lorsque l'occasion m'en sera offerte, si je suis bien informé, par une prochaine traduction française du projet de code pénal italien et de l'exposé des motifs qui ont déterminé l'honorable ministre M. Savelli à accepter les idées de son savant prédécesseur.

Dans un rapport sur le code pénal néerlandais présenté à l'Académie à la séance du 12 mars 1881, j'ai déjà combattu la suppression de la classification des faits punissables en crimes et délits, et j'aurai à donner à mon opinion à cet égard de nouveaux développements. Mais je suis heureux d'avoir à signaler dans le projet de code pénal italien une tendance accentuée vers une transformation qui m'avait paru, dès 1827, la voie nouvelle dans laquelle devait entrer la codification de la législation criminelle en substituant à la classification des peines infamantes et irréparables, la théorie de l'emprisonnement préventif, répressif et pénitentiaire basé sur l'alliance des deux principes de l'intimidation et de l'amendement. Il importe de ne pas prendre, comme on le fait trop souvent, le principe de l'amendement dans un sens philanthropique, mais seulement dans son sens préventif de la récidive. Le sens philanthropique en effet, ne pourrait que compromettre l'alliance des deux principes de l'intimidation et de l'amendement, tandis qu'avec le sens préventif de la récidive, ils se concilient et se confirment l'un par l'autre.

Ce qui put paraître au début une témérité se rapproche chaque jour des aspirations de l'application pratique, ainsi que je l'ai déjà signalé le 12 mars 1881 dans la communication précitée sur le nouveau code pénal du royaume des Pays-Bas, et ainsi que je viens le signaler encore dans le nouveau code pénal italien.

Toutefois à l'égard du nouveau code pénal du royaume des Pays-Bas si remarquable et justement remarqué et auquel j'attache un intérêt sympathique en raison de son esprit progressif, je répéterai que je ne suis pas suffisamment rassuré sur quelques mécomptes auxquels peut l'exposer une aspiration excessive à l'originalité et une tendance à devancer par les inspirations de la méditation, les indications plus sûres de l'observation pratique. Le nouveau projet de code pénal italien me semble avoir apporté dans la voie du progrès plus de réserve et de sagesse pratique, surtout en s'abstenant de suivre le code néerlandais dans la part exagérée qu'il a faite au régime cellulaire comme peine fondamentale. Ce code, du reste, n'est pas encore en vigueur et il est condamné à cette singulière situation de subordonner son existence à l'achèvement des prisons cellulaires qui pourront permettre de la réaliser. Je suis plus disposé à louer, dans le code néerlandais, le mérite de l'initiative que celui de la conception pratique du véritable rôle de la théorie de l'emprisonnement dans la codification pénale.

§ IV

Je crains que dans le cours de ce rapport verbal, quelques-uns des faits que je devais y signaler n'aient échappé à ma mémoire ; mais ceux que j'ai cités me semblent suffisants avec les considérations qui s'y rattachent pour atteindre le but que je me proposais. Ce but relatif au laborieux enfantement de la codification pénale en Italie, était d'en exposer les difficultés exceptionnelles, d'en suivre les différentes phases, d'en constater les incidents parmi lesquels s'est produit le plus grave qu'on eût à craindre, celui d'un conflit parlementaire entre les deux Chambres se prononçant, l'une, pour le rétablissement de l'échafaud en Toscane, et l'autre, au contraire, pour sa suppression générale dans tout le royaume. Des quatre ministres de la Justice, qui, depuis 1874, se sont consacrés à la recherche du moyen de résoudre en Italie le problème de son unification pénale, ce n'est pas le premier, l'honorable M. Vigliani, qui est entré dans la bonne voie, comme on l'a vu; ce sont ses trois honorables successeurs MM. Mancini, Zanardelli et Savelli qui représentent l'opinion définitive du Gouvernement en Italie sur la solution du problème de l'unification pénale.

L'Italie, confiante dans le patriotisme éclairé du Sénat, peut espérer qu'elle touche enfin à son unification pénale par la solution la meilleure, celle qui, au lieu de faire rétrograder sa civilisation, y réaliserait au contraire un grand progrès humanitaire pour l'honneur de son avenir.

Ayant suivi et constaté dans toutes ses phases, de 1874 à 1877, en Italie, par des communications successives à l'Académie des sciences morales et politiques, le développement de la codification pénale en général et de la peine de mort en particulier, il eût été sans doute utile de compléter cet historique par un résumé analytique de ces diverses communications; mais ce serait abuser de la bienveillante attention de l'Académie en allant bien au-delà de la limite qu'un rapport verbal ne doit pas excéder.

Je crois devoir seulement, dans une note annexée à ce rapport verbal indiquer la simple énumération de ces communications successives afin qu'on puisse au besoin y recourir pour en embrasser l'ensemble et en saisir l'enchaînement dans l'ordre des idées et des faits. Cette énumération sera de plus un témoignage du prix que j'attache à l'honneur d'avoir servi sous la bannière abolitionniste dans les rangs des Mancini, des Carrara, des Tancrède Canonico, des Pessina, des Pietro Ellero, des Luigi Lucchini, et *tutti quanti* répandus en Italie dans son

Parlement, dans sa magistrature, dans ses Universités, dans ses barreaux, qui forment cette brillante pléïade d'éminents criminalistes dont ce grand royaume a le droit de se glorifier.

Au résumé, si l'enfantement de la codification pénale en Italie, comme je l'ai déjà dit, a été laborieux, il est du moins arrivé par un perfectionnement graduel à un résultat remarquable à l'exemple du code pénal néerlandais.

Parmi les principales questions que recommande aux études théoriques et pratiques des législateurs le mouvement progressif de la codification de la législation criminelle dans les sociétés modernes, il en est trois surtout à signaler :

C'est celle d'abord de la peine de mort;

C'est celle ensuite de la substitution de l'emprisonnement préventif, répressif et pénitentiaire aux peines irréparables et infamantes;

C'est celle enfin de la classification des infractions.

Aux deux premiers points de vue, le code néerlandais et le projet de code pénal italien sont entrés résolûment dans le mouvement progressif.

En ce qui concerne la peine de mort, le premier a déjà prononcé l'abolition de droit que le second propose.

En ce qui concerne l'introduction de la théorie de l'emprisonnement, tous deux inclinent d'une manière accentuée vers le rôle qui lui est réservé dans la codification pénale; mais le projet de code pénal italien me paraît montrer dans cette voie nouvelle plus de réserve et de sagesse pratique.

En ce qui concerne la classification des infractions, j'ai le regret de ne pouvoir reconnaître un mouvement progressif dans la suppression de la distinction des délits et des crimes que propose le projet de code pénal italien et qu'a déjà consacrée le code pénal néerlandais.

Quoi qu'il en soit, le projet de code pénal italien et le code pénal néerlandais qui l'a précédé forment le point de départ et portent déjà la remarquable empreinte de l'ère nouvelle que la codification de la législation criminelle me paraissait, dès 1827, comme je l'ai déjà dit, être appelée à réaliser au XIXe siècle.

§ V

La ferme et persévérante résolution de consacrer ma vie à l'abolition de la peine de mort est d'ancienne date, car elle remonte à 1826, époque à laquelle la société de la Morale chrétienne à Paris, et à Genève le comte de Sellon, oncle de l'illustre Cavour, ouvrirent un double concours sur la question de la peine de mort à l'effet de démontrer que la suppression de l'échafaud n'était pas seulement au nombre des idées qui s'avouent, mais des choses qui se font.

Il importait à cette réforme civilisatrice de bien se rendre compte dès le début des difficultés à surmonter, des lenteurs à subir. Il fallait en premier lieu, avant de supprimer l'échafaud, demander à la théorie de l'emprisonnement la peine qui devait le remplacer. Il fallait ensuite au mouvement abolitionniste, se préserver des impatiences et des témérités en suivant un développement sagement progressif qui l'appelait d'abord à s'adresser à des petits États, puis des petits États à des États moyens, avant d'aborder les obstacles plus graves que présentaient les grands États en raison de l'étendue de leur territoire et des rouages plus compliqués de leur administration.

Il y avait ainsi trois étapes dans la marche sagement progressive que devait suivre le mouvement abolitionniste et qu'il a en effet suivie. Dans le demi-siècle qui vient de s'écouler, il a franchi les deux premières étapes avec un succès inespéré. Arrivé à la troisième, la réforme abolitive de la peine de mort doit naturellement se demander quel est celui des grands États auquel la prudence lui conseille de s'adresser avec les meilleures espérances. Je voudrais pouvoir dire : la France (1). Au

(1) Dans une lettre à mon savant ami et bien regretté Mittermaïer publiée en juillet 1867 sous le titre de *Marche présumée de l'abolition de la peine de mort dans les divers États de l'Europe*, je disais :

« Un homme d'État éminent, dont j'étais loin de prévoir la destinée au « moment où le comte de Sellon son oncle me l'adressait à Paris pour lui « donner quelques conseils sur les cours scientifiques et littéraires qu'il « devait y suivre, M. de Cavour me disait en 1856 ; « Ce n'est pas la France

commencement de 1870, j'avais dit l'Allemagne (1), mais aujourd'hui je dois nommer l'Italie.

De tous les grands États de l'Europe, c'est l'Italie à laquelle est évidemment réservée cette glorieuse initiative, car c'est là que de puissantes considérations imposent l'urgente abolition de la peine de mort, afin de faire cesser en Italie une situation anormale qui, sous le triple rapport légal, politique et judiciaire, ne doit pas se prolonger.

Sous le rapport légal, c'est l'abolition de droit de la peine de mort qu'il est urgent de substituer à l'abolition de fait ;

Sous le rapport politique, c'est l'unification pénale qu'il est urgent de réaliser pour permettre à ce grand royaume le fonctionnement régulier de son unité politique ;

Sous le rapport judiciaire, c'est le conflit parlementaire dont il est urgent pour la bonne administration de la justice de ne pas laisser se prolonger la durée.

L'abolition de la peine de mort se présente à un double point de vue, celui du progrès humanitaire et celui de l'intérêt propre à l'Italie. Au premier point de vue, l'urgence peut se discuter, mais elle est indiscutable au second.

« qui donnera la première, parmi les grands États de l'Europe, l'exemple « de l'abolition de la peine de mort, parce qu'en France, ajoutait-il, « il est plus difficile peut-être de faire une réforme qu'une révolution. »

M. Louis Blanc rappelait ces paroles de M. de Cavour dans son discours à l'appui de sa proposition de loi, en faveur de l'abolition de la peine de mort en France.

(1) Dans cette même lettre à M. Mittermaïer, je disais : « Je crois que « les meilleures espérances de notre réforme doivent se porter vers l'Al- « lemagne où la tendance des esprits s'accentue de plus en plus en « faveur de la suppression de la peine de mort. Vous récoltez ce que vous « avez semé. »

On sait que l'abolition de la peine de mort eût été un fait accompli dans la confédération du Nord de l'Allemagne si le Parlement fédéral ne s'était pas déjugé à la troisième lecture du projet de code pénal. Mais le mouvement abolitionniste qui conserve en Allemagne les persévérantes sympathies de l'empereur Guillaume ne s'y est que momentanément ralenti.

La clôture du conflit parlementaire est donc l'urgente nécessité qui s'impose à l'Italie et l'abolition de droit de la peine de mort en est l'unique moyen. Ce n'est pas seulement à ses savants criminalistes mais à ses éminents hommes d'État qu'il appartient de ne pas laisser se prolonger en Italie l'empire des trois codes pénaux, qui, sous le rapport de l'administration de la justice criminelle, divisent en trois États séparés son territoire.

J'ai dit, il y a bien des années, que dans le XIXme siècle, devaient disparaître de la codification pénale des peuples les plus avancés en civilisation, les peines irréparables et les peines infamantes qui ne pouvaient appartenir à la justice humaine, les unes, parceque c'était une justice faillible, les autres, parcequ'elle devait être une justice répressive et pénitentiaire ; et j'ai prédit qu'il était réservé à la théorie de l'emprisonnement de devenir la théorie de la législation criminelle dans les sociétés modernes. On a vu par le code pénal des Pays-Bas et par le projet de code pénal italien, la tendance accentuée de la Hollande et de l'Italie à entrer dans cette voie du progrès. Mais comment l'Italie pourrait-elle s'y engager avant qu'on ait fait cesser ce que le savant Lucchini demande la permission d'appeler le scandale (1) des trois législations diverses que subit ce pays. « Qui n'a, dit-il, en mémoire, « quelques-unes des nombreuses aberrations et anomalies, qui se trou- « vent disséminées dans les codes en vigueur en Italie, lors même « qu'il n'y en aurait pas d'autres que dans l'exécution des peines de « l'emprisonnement. » Comment ce grand et beau royaume peut-il en effet songer dans l'état présent à déterminer le système de la construction et la discipline de ses prisons.

Quant à moi, enrôlé volontaire depuis plus d'un demi-siècle au service de l'abolition de la peine de mort, de cette cause dont j'ai toujours suivi la bannière partout où le dévouement m'appelait à la défendre dans la faible mesure de mes forces, l'un de mes vœux les plus chers, en arrivant à l'extrême limite de la vie, est qu'au nombre des jours que Dieu puisse encore me réserver, soit celui de la suppressión de l'écha-

(1) *Revue pénale*, vol. XIX, fasc. 1-10, p. 150.

faud dans la patrie de Beccaria, puisqu'alors se réaliserait le programme du développement progressif de cette réforme dans le présent en préparant l'horizon plus étendu de son avenir.

Mais il n'est guère permis d'attendre du Parlement, l'adoption du projet de code pénal à une assez courte échéance pour espérer la réalisation du vœu que je viens d'exprimer.

§ VI

A tous les points de vue, se produit, pour l'Italie, l'urgence de son unification pénale. Mais tous les obstacles à cet égard ne sont pas encore levés. Il y a deux choses qui viennent à notre époque, d'une manière bien regrettable, ralentir la marche de la codification en général et de la codification pénale en particulier. La première est le travail de l'élaboration pour répondre à la fois aux besoins du perfectionnement et à ceux de l'homogénéité. Ce premier travail est un fait accompli, par suite de la présentation du nouveau code pénal italien à la Chambre des députés. Mais il reste encore à l'adoption de ce projet de code un sérieux écueil à traverser, celui des lenteurs et des complications qu'entraînent les exigences de la discussion sous l'empire du système parlementaire.

C'est à ce double point de vue qu'ainsi que le fait remarquer le savant Lucchini, la réforme du code pénal est l'écueil contre lequel se brisent les efforts de tous les États européens. « L'Angleterre, dit-il, « depuis six ans, l'Autriche depuis neuf, l'Espagne depuis dix, l'Italie « depuis environ dix-sept années, se fatiguent pour amener au port la « législation nouvelle. »

La presse quotidienne et la presse périodique en Italie, l'une, par l'*Opinione*, l'un de ses journaux les plus accrédités, et l'autre, par la *Rivista penale* d'une si grande compétence, se préoccupent avec raison des années que demanderait l'adoption du nouveau code pénal par les deux Chambres, s'il devait y être discuté article par article. Il est certain que ce mode d'une application pratique au simple projet de loi, cesse de l'être pour les travaux de la codification pénale en raison de leur étendue, du grand nombre d'articles dont ils se composent, et des exigences de la coordination et de l'homogénéité.

La *Rivista penale* cite l'exemple de la Belgique, où l'on essaya l'expédient de présenter au Parlement et de faire discuter et voter les codes, livre par livre, titre par titre : et ainsi fut discuté et voté le code de commerce de 1873. Elle propose différents modes, parmi lesquels elle rappelle celui suivi en 1874 par le Sénat italien dans la discussion du code pénal présenté par le ministre Vigliani.

Je n'ai pas à m'occuper de l'examen comparé de ces différents modes, mais seulement à insister sur la nécessité d'en adopter un qui ne condamne pas ce nouveau projet de code pénal à des lenteurs qui seraient si préjudiciables, à tous les points de vue, au pressant besoin pour l'Italie de son existence normale, de son unification pénale et du fonctionnement complet de son unité politique.

CONCLUSION

Ce rapport verbal, si peu développé qu'il soit, peut donner par son ensemble une rapide idée de ce qu'a été le mouvement abolitionniste, de ce qu'il est dans le présent, et de ses aspirations pour l'avenir.

Depuis les années 1825 et 1826 qui ont marqué, ainsi que le constatent plusieurs criminalistes, son point de départ dans ce siècle par le compte-rendu de la statistique et de l'administration de la justice criminelle en France, et par les deux concours du comte de Sellon à Genève et de la société de la morale chrétienne à Paris, sur la question de la peine de mort, on peut suivre le programme des trois étapes qui devaient jalonner son développement progressif dans les petits États, dans les États moyens et dans les grands États ; et dont l'Italie est la dernière qu'il lui reste à franchir.

Je crois que, sans avoir à décliner la responsabilité qui peut m'incomber pour la part active et persévérante que j'ai prise au mouvement abolitionniste, et sans avoir également, dans l'ordre des idées et des faits, rien à désavouer dans mes écrits et dans mes actes, je crois, dis-je, pouvoir tirer de l'ensemble de ce rapport verbal, la conclusion suivante :

C'est que le mouvement abolitionniste n'a pas pour but unique, la suppression de l'échafaud et du bourreau. Son horizon est plus étendu.

L'abolition de la peine de mort, considérée sous le double rapport de l'intérêt italien et du progrès humanitaire, doit d'abord, au premier point de vue, avoir pour conséquence, d'être à la fois pour l'Italie, en raison de ses aspirations historiques et des anomalies de sa situation présente, l'honneur et le complément essentiel de son autonomie.

Au second point de vue, c'est-à-dire à celui du progrès humanitaire, l'abolition de droit de la peine de mort, c'est la transformation complète de la législation criminelle par la théorie de l'emprisonnement ; c'est l'ère spiritualiste de la justice répressive et pénitentiaire qui succède à l'ère matérialiste de l'échafaud et du bourreau avec ses peines irréparables et ses peines infamantes ; c'est, en un mot, l'avènement, dans les institutions de répression, de la philosophie spiritualiste qui ne tue ni l'âme ni le corps, mais qui substitue la privation de la liberté à celle de la vie, soit par la captivité perpétuelle, lorsque l'ordre social l'exige pour mettre le coupable hors d'état de nuire, soit par la captivité temporaire, lorsqu'on peut espérer de prévenir la récidive du coupable par l'action énergique et suffisamment prolongée d'une discipline répressive et pénitentiaire.

Telle est la vraie signification du mouvement abolitionniste ; tel est son but dans le présent et dans l'avenir. C'est à ce titre que l'abolition de la peine de mort est une grande réforme d'ordre moral et social qui doit rester complètement en dehors de la région passionnée de la politique militante pour n'appartenir qu'à la région sereine de la politique civilisatrice qui ne se consacre qu'à la solution des problèmes du progrès humanitaire.

La chambre des députés d'Italie, à l'occasion du projet d'abolition de la peine de mort proposée par l'illustre Mancini, comme ministre de la Justice, a donné à cet égard en 1877, un mémorable exemple qu'à la séance du 8 décembre 1877 je citais à l'Académie dans les termes suivants : « La « majorité qui a voté l'abolition de la peine de mort a été considérable

« et s'est rencontrée sur tous les bancs de la chambre, au centre et à « gauche, comme à droite. C'est qu'en Italie cette réforme n'appartient « exclusivement au programme d'aucun des partis politiques; elle « échappe à leurs débats passionnés; le gouvernement la pose et le « parlement l'accepte comme une question de science juridique et de « civilisation, sur laquelle toutes les convictions sont également res« pectées. »

Orléans. — Imp. Paul Colas

NOTE énumérative des communications successives à l'Académie des sciences morales et politiques, de 1874 à 1877, insérées dans le Compte-Rendu de ses travaux, sur la codification pénale en général et la peine de mort en particulier dans le royaume d'Italie.

Janvier-mars 1874. — La peine de mort et l'unification pénale à l'occasion du projet de code pénal italien, de l'honorable ministre M. Vigliani, comprenant :

Lettre à M. le commandeur Mancini, député au Parlement italien, et professeur de droit public à l'Université de Rome. Brochure épistolaire de 30 pages ;

Appel aux abolitionnistes italiens ;

Appel de l'union abolitionniste à l'opinion libérale en Europe, à l'occasion du rétablissement de la peine de mort en Toscane, proposé par le projet de code pénal italien ;

Seconde lettre du 13 mars 1874 au député Mancini.

20 mai 1874. — Rapport à l'Académie des sciences morales et politiques sur le projet de code pénal italien, présenté par l'honorable M. Vigliani, ministre de la justice.

29 septembre 1874. — Lettre de S. Exc. M. Vigliani, ministre de la justice en Italie, à M. Charles Lucas, à l'occasion de sa communication à l'Institut sur le projet de code pénal italien, suivie des observations présentées en réponse par M. Ch. Lucas.

1874. — Lettre de M. Lucas à M. le sénateur Musio, président de la commission sénatoriale chargée de l'examen du projet de code pénal italien.

2 mars et 5 avril 1875. — La peine de mort devant le sénat italien, lettres de M. Ch. Lucas, membre de l'Institut de France, aux savants professeurs Francesco Carrara et Luigi Lucchini.

2 décembre 1876. — L'école pénale italienne et ses principes fondamentaux, à l'occasion de la prochaine discussion du projet de code pénal à la Chambre des députés d'Italie.

7 avril 1877. — Rapport verbal à l'Académie des sciences morales et politiques, à l'occasion de l'hommage de divers documents relatifs au projet de code pénal italien et à l'abolition de la contrainte par corps au nom de S. Exc. M. Mancini, ministre de la justice d'Italie.

1er et 8 décembre 1877. — Communication de M. Ch. Lucas à la même Académie sur l'exposé des motifs de M. Mancini, ministre de la justice en Italie, relatif au premier livre du projet de code pénal italien et sur le rapport de M. Pessina au nom de la commission de la Chambre des députés chargée de l'examen de ce projet.

www.ingramcontent.com/pod-product-compliance
Lightning Source LLC
LaVergne TN
LVHW020518230826
846091LV00008BA/3498

* 9 7 8 2 0 1 9 2 8 9 7 7 5 *